(3)

LETTRE DU CAP,

Du 18 Juillet 1791,

ÉCRITE PAR UN CRÉOLE BLANC ET PROPRIÉTAIRE DE ST.-DOMINGUE;

Sur les manœuvres employées pour empêcher l'exécution du décret du 15 mai.

Nous sommes forcés de taire les noms du Créole qui a écrit cette lettre, et de la personne en France qui l'a reçue : les propriétés de l'un et de l'autre, et la sûreté de celui qui écrit, courroient le plus grand danger, si leurs noms étoient connus. Mais M. l'abbé Grégoire a dans ses mains une copie authentique ; ainsi l'on peut compter sur son authenticité.

À M. GRÉGOIRE, savant et vertueux citoyen, véritablement digne législateur ; salut :

Je n'avois pas en effet l'affiche dont il m'a gratifié ; je l'en remercie particulièrement.

A

Je le remercie également, au nom de l'humanité, de l'intérêt qu'il ne cesse de prendre à la cause des hommes de couleur, que des ames asservies à la cupidité veulent remettre aux fers. Je l'exhorte à résister à l'orage qui se prépare contre eux, et je lui envoie substantiellement ce que j'ai appris du Cap, en date du 18 de Juillet.

« A la nouvelle du décret, l'assemblée de la partie du nord du Cap, qui gouverne toute la province, et qui est dirigée par cinq ou six hommes de loi sans mœurs et sans principes, assembla les districts pour y procéder, avec la plus grande précipitation, à l'élection des députés qui devoient former l'assemblée générale de la colonie ; mais au second scrutin, quoiqu'on eût fait fermer tous les bureaux, boutiques et magasins, défendu toute affaire, on ne put rassembler que le sixième numéro en nombre suffisant pour rendre la délibération légale. Les esprits étoient attiédis, le premier mouvement de l'impulsion donnée par les mauvaises têtes, étoit passé ; la raison agissoit et se faisoit entendre ; personne ne vouloit plus d'assemblée, et l'on ne parloit plus que d'attendre le décret et de s'y soumettre.

A

L'assemblée, sentant à quoi l'exposoit ce parti, en prit un de rigueur ; elle posa l'embargo sur tous les bâtimens de la rade, jusques même sur les plus petits canots ; fit surveiller rigoureusement cet arrêté ; déclara que le scrutin étoit bon tel qu'il avoit été tiré d'abord, et que l'on prendroit pour députés les vingt-quatre qui réuniroient le plus de voix, et pour suppléans les vingt-quatre suivans. Cet arrêté eut son effet ; mais, à la réserve des cinq ou six crânes qui conduisent toute l'assemblée, et qui étoient du nombre, tous les autres refusèrent. Alors l'assemblée prit un nouvel arrêté, par lequel elle déclara que tous ceux qui refuseroient la députation, seroient privés du droit de citoyen actif pendant l'espace de cinq ans. Alors on accepta, hors sept qui tinrent bon.

Les députés nommés, on s'attendoit à voir lever l'embargo ; mais l'assemblée, occupée à concilier les esprits, à les ramener à ses principes, d'une manière ou d'autre, n'avoit pu encore s'occuper d'une adresse qu'elle avoit arrêté de présenter à l'assemblée nationale et aux chambres de commerce. Elle en avoit chargé ses bras droits, M. Granier, conseiller, qui a perdu un procès de dix

mille livres contre des mulâtres, avant la ré-
volution ; Viel , avocat , qui a eu ce fameux
procès contre les sang-mêlés , sous le règne
de M. d'Argout , général; Chaumont , ancien
garde magasin, qui avoit été obligé de quit-
ter mal le magasin, et qui a eu recours long-
temps à une femme de couleur ; Laborie ,
qui , plaidant la cause du susdit Viel, alors
apothicaire, contre les sang-me'és , en avoit
reçu quelques petites apostrophes sensibles,
parce qu'elles portoient à son plein ; Mon-
taran , ancien conseiller, homme turbulent,
qui ne se plaît qu'aux mouvemens ; Brossier,
ci-devant procureur et grand chicanneur ,
actuellement conseiller; Poincignon, ambi-
tieux, qui ne cherche qu'à s'élever.

Voilà les sept rédacteurs que l'assemblée
chargea de la rédaction de ses adresses; mais
difficiles à accoucher, ils mirent neuf jours
à produire des enfans encore bien foibles.
Ce fut un mystère des plus grands ; on fit
jurer aux copistes , qui devoient multiplier
les exemplaires, de n'en jamais dire le contenu ; et cela, parce que l'on n'y avoit pas
exprimé le vœu général , parce que l'on y
avoit tenu un langage qui ne partoit que du
cœur de l'assemblée.

On joua une autre comédie ; on fit venir M. de Blanchelande ; on lui fit entendre qu'il jouoit gros jeu, s'il ne servoit pas les vues de l'assemblée, qui servoit celles du comité colonial, les députés coloniaux qui avoient eu le temps d'indiquer la marche qu'on avoit à tenir pour faire revenir l'assemblée nationale sur le décret qui les offusque tant. On dicta à M. Blanchelande, et on l'engagea à s'en faire un mérite, en déclarant que sa démarche étoit spontanée. Il écrivit donc en conformité, et marqua cet éloignement où il étoit de *verser plutôt jusqu'à la dernière goutte de son sang, que de se décider à tourner les armes que le roi lui avoit confiées, contre ses concitoyens.* L'assemblée joua son rôle, applaudit à outrance, et à vingt reprises, son ouvrage et la servile obéissance du général. On lui conseilla d'envoyer le soir son épouse et sa demoiselle au spectacle, et là, des battoirs appostés recommencèrent les applaudissemens, et le public de les singer, hors un petit nombre de sages qui se retirèrent en silence. Car, souvenez-vous bien que, jusqu'au dernier moment, ceux-là n'oseront manifester, au Cap, leur vraie façon de penser, par les risques qu'ils courroient dans un lieu où un seul conseil, ou dix portugaises feroient naître sur-le-champ cent assassins.

Il n'en est pas de même des autres lieux, et en vous entendrez parler : ils ne cessent de prêcher l'obéissance au décret en question; mais la poste ne peut rien distribuer, que des commissaires n'aient vu le contenu des lettres; tout ce qui est contre, est supprimé ; tout ce qui est pour l'assemblée, est publié, et les gazetiers, qui ne voient pas le dessous des cartes, et qui savent d'ailleurs le danger auquel ils s'exposeroient, ne publient aussi que ce qui peut flatter l'assemblée. C'est à qui la flattera davantage par des flagornories et des fables inventées à plaisir, et dans le jours convenable. Les lettres qui partent du cap passent à l'examen des commissaires , et il faut être bien sûr d'un ami pour en hasarder une qui dise la vérité. Sans l'occasion de ma belle sœur, vous n'auriez pas celle-ci. Cet avis excusera mon silence auprès de vous : car ne pensez pas que j'aie varié: mes principes sont dans mon être , rien ne m'en écartera; mais il faut être prudent dans ses démarches; et quoique ce ne soit que l'humanité qui soit mon guide, je courrois risque d'avoir le sort du vertueux Ferrand de Baudière, si l'on me soupçonnoit seulement de vous avoir écrit......

Quoiqu'il en soit, on est ici dans les plus grandes inquiétudes sur le compte des hommes de couleur ; on redouble de surveillance ; on craint qu'ils ne veuillent mettre eux-mêmes le décret à exécution. Car alors, ce seroit une chose faite, puisque plus de la moitié des blancs y adhérent d'esprit et de cœur. Mais les hommes de couleur se reposant sur la justice et l'honneur de l'assmblée nationale, sur les principes de la constitution, et sur le retour des blancs à la raison, attendant en silence le résultat de l'événement, remettant leur déplorable sort entre les mains de la providence, qu'ils ne cessent d'invoquer....

Ah ! mon ami, vous qui avez un cœur humain, ne voyez pas sans attendrissement, sans pitié, le malheureux sort de cette classe infortunée ; il feroit compassion aux cœurs les plus durs. Quelle existence que celle qu'on ne peut conserver que par la dégradation la plus absolue ! quel état, grand Dieu, que celui qui circonscrit ainsi des

êtres pensans entre deux alternatives également désespérantes ! quelle vie que celle
qu'on est forcé d'abhorer, et dont ont est
intéressé à demander la fin naturelle, de
crainte d'une mort précédée de tout l'ap-
pareil des supplices dûs aux plus grands cri-
minels ! Telle est cependant la situation af-
freuse des hommes de couleur, que s'ils ne
respectent pas les décrets, ils sont coupa-
bles ; et que s'ils en demandent l'exécution,
ils sont traînés sur l'échaufaud. Oh ! quelle
classe que celle qui, au milieu des hommes,
faisant partie de la société, concourant à
toutes ses charges, remplissant tous ses de-
voirs, en est cependant exclue quant aux
bienfaits de ses loix ! C'est trop en dire à votre
grande ame....

Revenons à mon bulletin. Les esprits des-
potes du cap espèrent que l'assemblée co-
loniale prendra des arrêtés de vigueur, et les
cœurs humains, qui connoissant mieux la
colonie, espèrent, au contraire, que cette
assemblée. éloignée du cap, réunissant les
députés des autres lieux, entraînera, par la
majorité, la soumission aux décrets natio-
naux, qui ne tendent qu'à la splandeur de la
colonie, et qui nous rendent véritablement

François. Ceux qui savent lire dans les choses , ont été charmés de la violence que l'assemblée a faites aux députés qui avoient refusé de l'être. Car pourquoi avoient-ils refusé , si ce n'avoit été parce qu'étant opposés aux principes de l'assemblée du cap , ils ne se sentoient pas disposés à en suivre les vœux ?

Remarquez que cette ville du cap , qui s'arroge tout , qui n'a que six milles blancs , de tout sexe et de tout âge , fournit à elle seule 24 députés , tandis qae les autres villes n'en fournissent que 4 , et les paroisses de la campagne 2. Cette disproportion a élevé et élevera plus d'un schisme , et la nouvelle assemblée générale pourra bien avoir le sort de la première , que vous avez connue sous celle de Saint-Marc , et qui a été si visiblement mal jugée. Je vous envoie ci-incluse la liste des députés.

J'avais oublié de vous dire qu'au premier moment de la nouvelle du décret , il y eut trois Jeunes gens, Messieurs... dont vous connoissez le caractére et les aventures , qui osèrent fouler aux pieds, dans une assemblée générale de la commune , la cocarde nationale, et en prendre une noire ; mais ne trouvant point d'imitateurs, le lendemain même ils reparurent en cocarde nationale. Peu de jours après, les mêmes se firent un petit parti, et brûlèrent, à la porte de la poste, l'effigie de ce digne prélat, de ce respectable abbé qui a si généreusement, si courageusement, si constamment et si savavamment défendu la cause des hommes couleur. Quoique l'assemblée du nord, qui devroit au moins engager à l'amour de l'ordre, trouvât dans cet infâme procédé de quoi flatter ses penchans, ces brigands furent obligés de se retirer à la hâte pour éviter un trouble qui s'élevoit, et les menaçoit de la juste vengeance des amis de l'humanité et de la vertu. On soupçonne violemment Messieurs.. d'avoir inspiré ce dessein à ces scélérats, leur cohorte ordinaire.

Cette bande, sûre de l'impunité, ne cesse de faire des menaces aux hommes de couleur, de les massacrer, les pendre, etc. Ces pauvres misérables ne savent quel sort ils doivent attendre d'une telle disposition. Mais croit-on qu'ils soient moins susceptibles de désespoir que nous ? Espéreroit-on les égorger impunément ? Ces menaces mêmes, qu'on ne cesse de leur faire, ne sont-elles pas une preuve de la peur qu'on en a? On a voulu les désarmer; et l'on ne peut plus douter qu'on n'a pu le faire réellement. Il n'y en a que très-peu qui témoignent de la terreur pour les menaces qu'on leur prodigue; la sérénité des autres inquiète les rodomons du Cap, qui ne le sont qu'autant qu'ils ont la certitude d'un pillage et d'un massacre gratuit. Les gens sages craignent tout du retard de l'exécution du décret. Dernièrement il y eut une petite fermentation parmi les blancs, à l'arrivée d'un Havrais, qui confirmoit les dispositions des places de Bordeaux, du Havre, de Marseille, de Brest. On éclata en menaces, de nouveau, et les grenadiers, excités par les mêmes gens, présentèrent à l'assemblée du Cap une adresse, par laquelle ils s'offroient, par représailles envers la France, de s'armer dans toute la colonie, et de faire main-basse sur la caste des mulâtres. Heureusement, les tribunes et la majorité de l'assemblée en furent si indignées, qu'on conduisit la députation des grenadiers par des huées. Cependant, cette démarche jetta l'alarme parmi quelques gens de couleur; plusieurs s'échappèrent dans la nuit; la patrouille les ayant arrêtés, ils déclarèrent ce que je viens de vous dire. L'assemblée, sentant bien le tort que tant de faits graves alloient lui faire, prit un arrêté qui défendoit aux blancs de maltraiter les hommes de couleur, et les mettoit sous sa protection, *tant qu'ils seroient soumis*. La nécessité seule d'un pareil arrêté vous explique le sort de ces malheureux. Vous savez que vingt fois on a pris le même arrêté ; et certes, si l'on a été obligé de le prendre plus d'une fois, c'est qu'il n'a jamais été respecté.

L'Embargo, qui duroit depuis quelques jours, et nuisoit extrêmement au commerce, commençoit à impatienter les négocians ; des murmures avertirent l'assemblée de la nécessité de lever cet obstacle vain et puérile.

Si le commerce du Havre tenoit à ses principes, des lettres particulières donnoient espoir aux tyrans. Elles portoient que la chambre de commerce de Nantes agissoit d'accord avec quelques amis du comité colonial, les députés coloniaux, et quelques propriétaires des colonies, auprès des chambres de commerce du Havre, de Bordeaux, de Marseille, etc., pour solliciter la révocation du décret : que d'avance, on assuroit la colonie qu'il ne partiroit pas officiellement, qu'on y mettroit

obstacle sur obstacle, pour donner le temps
de tenir une conduite convenable et propre à
étayer la demande formelle que l'on conseil-
loit de faire de sa suppression. Ainsi , at-
tendez-vous à beaucoup d'apparence d'insur-
rection, etc. Ces lettres du Havre assuroient
que le tout, en cas de nécessité , passeroit
comme l'effet d'un premier mouvement , et
qu'au bout du compte , on finiroit par dé-
clarer , comme non avenu, tout ce qui se
seroit fait. Voilà comme on se joue de l'humanité et des décrets. C'est cependant de la
part des François qu'est venu une pareille
instruction. Mais le Havre se sent encore de
l'influence de ce Fouache qui voulut as-
servir jusqu'aux blancs mêmes de Saint-Do-
mingue sous M. de la Ferronnaie , son ami
et obligé.....

Les actes de despotisme ne coûtent rien à
l'assemblée du nord ; ce n'étoit pas assez de
la comédie qu'elle jouoit, elle vouloit que
tout le monde y remplît un rôle. Nous avions
ici un méchant folliculaire que vous aurez
sûrement connu pendant votre députation à
cette assemblée ; le sieur Gatereau , qui ne
ménageoit ni la vérité , ni la vertu , qui pu-
blioit également le vrai et le faux , avoit reçu

le décret par les papiers publics. Il osa mettre dans ses feuilles toutes les motions pour et contre le décret, lors du 13 et 14 de mai. L'assemblée, instruite de cette audace, si criminelle à ses yeux, le fit arrêter, de son autorité, et conduire à la geole. Les jeunes gens du Cap contestent aux hommes de couleur les droits naturels ; mais ils ne veulent pas qu'on les enfreignent envers leurs camarades. Il y en avoit parmi eux qui aimoient la licence de Gatereau ; ils mumurèrent au point de faire craindre des mouvemens dangereux. L'assemblée fit aussi-tôt publier que Gatereau étoit en correspondance criminelle avec des hommes de couleur, (dont on ne citoit ni les noms, ni les lieux) et qu'il vouloit faire imprimer un écrit incendiaire qui ne tendoit rien moins qu'à faire prendre les armes aux mulâtres et nègres libres. Les jeunes gens, égarés par ces suppositions gratuites, s'appaisèrent.

Le pauvre Gatereau, qui étoit sûr cette fois-là de n'avoir point tort, demandoit à être jugé. L'assemblée, craignant qu'il ne parvînt à divulguer la vérité, l'a fait embarquer de nuit sur un Provençal, parti hier 17, sans lui dire pourquoi on le traitoit ainsi, sans lui donner le temps d'emporter son avoir, qui se trouvoit épars, n'ayant que quinze portugaises en argent, et une malle de linge. Vous entendrez sûrement parler de cette affaire à l'arrivée de Gatereau, qui n'est pas d'humeur à se laisser ainsi vexer aussi injustement, et d'une manière aussi arbitraire.

Or, si pour avoir publié les motions faites à l'assemblée nationale, on est arrêté, lié, garotté, conduit à la geole, puis embarqué pour France, jugez de quelle prudence on doit être ici pour manifester sa propre opinion.

On a reçu des lettres de MM. Auvry, Trémondie, Diffendeau et Labat, qui confirment celles du Havre, en assurant que le décret ne sera pas exécuté; que le comité colonial le garantit; qu'il n'a pas été sanctionné par cette raison; que le ministre de la marine a assuré qu'il donneroit sa démission si le roi le sanctionnoit; que tous les députés colons s'étoient retirés, etc.

Voilà ce qui s'est passé depuis l'arrivée de la nouvelle du fameux décret, qui seul suffit pour immortaliser l'assemblée nationale. Le préjugé ne régnoit pas chez nous;

les hommes de couleur sont citoyens actifs en Espagne, en Angleterre, en Portugal, etc. où il y a cependant des esclaves soumis. Cette classe est un heureux intermédiaire entre nous et nos nègres : vous le savez mieux que personne....

Je n'ai pas besoin de vous recommander le secret sur ma lettre ; car avant que l'assemblée vînt à mon secours, ce seroit fait de moi et de mes biens. On est sur-tout fort ici pour les confiscations ; .... les mulâtres sont fort riches, comme vous savez....

Adieu, etc.

DE L'IMPRIMERIE DU PATRIOTE FRANÇOIS,
place du Théâtre Italien.